米脂卧虎湾

战国、秦汉墓地考古发掘报告

（下）

榆林市文物考古勘探工作队
西北大学文化遗产学院　编著
陕西省考古研究院
米脂县博物馆

文物出版社

Wohuwan, Mizhi
the Excavation of the Warring-States and the Qin-Han Cemetery

(III)

by

Yulin Cultural Relics and Archaeology Exploration Team

School of Cultural Heritage, Northwest University

Shaanxi Academy of Archaeology

Mizhi Museum

Cultural Relics Press

彩版目录

1. 北部环境

2. 西部环境

彩版一　卧虎湾墓地周边环境（2013 年）

彩版二　卧虎湾墓地发掘区域示意图（2016 年）

彩版三　卧虎湾墓地发掘区域模型渲染图（2016 年）

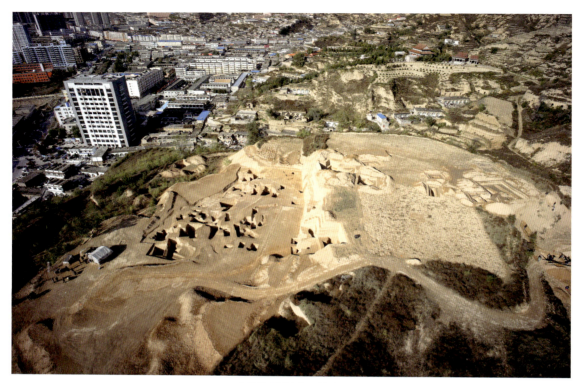

1. 西北局部鸟瞰图 1

2. 西北局部鸟瞰图 2

彩版四　卧虎湾墓地西北局部鸟瞰图（2016 年）

1. 南部环境

2. 发掘现场

彩版五　卧虎湾墓地发掘现场及墓地南部环境（2017 年）

1. 现场工作讨论

2. 专家指导工作

彩版六　发掘工作讨论及指导

1. 工地现场指导

2. 米脂县送清凉活动

彩版七　发掘工地现场指导及慰问

1.M103 出土文物整体提取

2. 墓葬位置测绘

彩版八　发掘现场文物提取及测绘

1. 室内文物修复

2. 发掘人员合影

彩版九　文物修复及发掘人员

1.M4

2. 铜镜 M4：1

彩版一〇　M4 及出土遗物

1. 陶鼎 M5：6

2. 陶盒 M5：5

3. 陶锜 M5：10

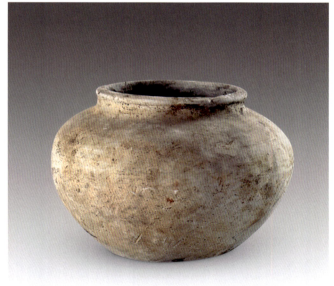

4. 扁腹陶罐 M5：2

彩版一一　M5 出土遗物

1. M6

2. 四乳铭文铜镜 M6：3

3. 骨质棋子 M6：5

彩版一二　M6 及出土遗物

2.M9

1. 铜钫 M6：1

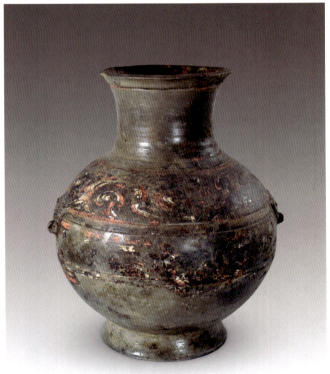

3. 圈足陶壶 M9：1

彩版一三　M9 及 M6、M9 出土遗物

1. 铜鍪 M9：2

3. 五铢钱 M10：1

2. 骨质棋子 M9：5

4. 铁镇 M10：2

彩版一四　M9、M10 出土遗物

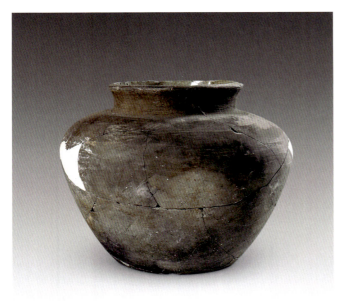

1. 大口陶罐 M11：2

2. 陶盂 M11：3

3. 铜马衔 M11：5

4.M12

彩版一五　M11 出土遗物及 M12

1. 小口旋纹陶罐 M13：3

2. 带耳陶釜 M13：4

3. 扁腹陶罐 M15：2

4. 铜灯 M15：1

5. 铁戈 M15：5

彩版一六　M13、M15 出土遗物

1. M16

2. 盆形陶甗 M16：4

3. 小口陶罐 M16：1

彩版一七　M16 及出土遗物

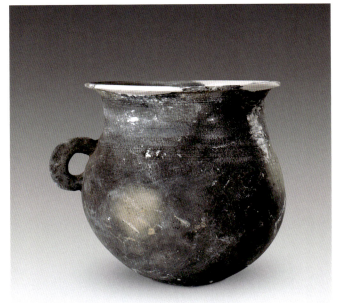

1. 小口素面小陶罐 M16：3　　　　　　　　　2. 带耳陶鍪 M16：2

3.M17

彩版一八　M16 出土遗物及 M17

1. 扁腹陶罐 M17：7

2. 带耳陶釜 M17：5

3. 铜勺 M17：2

4. 素面铜镜 M17：1

5. 玉串珠 M17：9

彩版一九　M17 出土遗物

1.M19

3. 扁腹陶罐 M19：2

2. 小口陶罐 M19：3

4. 无耳无錾陶鍪 M19：1

彩版二〇　M19 及出土遗物

1.M20

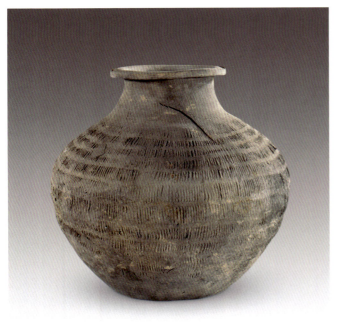

2. 小口旋纹陶罐 M20：10

3. 陶灶 M20：9

彩版二一　M20 及出土遗物

1. 铜带钩 M20：1

2. 玉环 M20：3

3. 玻璃串珠 M20：5

4. 玻璃串珠 M20：6

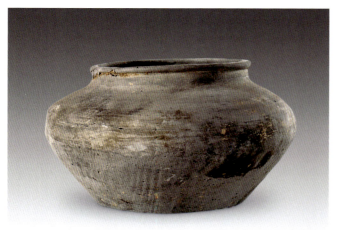

5. 扁腹陶罐 M21：3

6. 扁腹陶罐 M21：4

彩版二二　M20、M21 出土遗物

1. 小口陶罐 M21：5

2. 四乳铭文铜镜 M21：2

3. 半两钱 M21：6

4. 铁鐾 M21：1

彩版二三　M21 出土遗物

1.M22

2. 大口陶罐 M22：1

1.M23

2. 小口陶罐 M23：3

3. 连弧纹铜镜 M23：1

彩版二五　M23 及出土遗物

1.M24

2. 小口陶罐 M24：8

3. 大口陶罐 M24：4

彩版二六　M24 及出土遗物

1. 扁腹陶罐 M24：1

2. 扁腹陶罐 M24：2

3. 扁腹陶罐 M24：5

4. 素面铜镜 M24：3

彩版二七　M24 出土遗物

1.M27

2. 罐形陶甑 M27：16

3. 小口陶罐 M27：9

彩版二八　M27 及出土遗物

1. 陶锜 M27：5

2. 簋形陶瓿 M27：15

3. 扁腹陶罐 M27：7

4. 扁腹陶罐 M27：11

5. 陶熏炉 M27：10

6. 蟠螭纹铜镜 M27：1

彩版二九　M27 出土遗物

1.M28

2.M30

彩版三〇　M28、M30

1. 陶钫 M30：3

2. 陶锜 M30：1

3. 簋形陶甑 M30：9

4. 小口陶罐 M30：5

5. 扁腹陶罐 M30：4

6. 铜鉴 M30：8

彩版三一　M30 出土遗物

1.M33

2. 铜钫 M33：1

彩版三二　M33 及出土遗物

2. 陶钫 M35：3

1.M35

彩版三三　M35 及出土遗物

1. 大口陶罐 M35：5

2. 扁腹陶罐 M35：4

3. 蟠螭纹铜镜 M35：2

4. 陶鼎 M36：1

5. 陶鼎 M36：4

6. 陶錡 M36：2

彩版三四　M35、M36 出土遗物

1. 小口陶罐 M36：8

2. 大口陶罐 M36：6

3. 小口陶罐 M38：2

4. 扁腹陶罐 M38：1

彩版三五　M36、M38 出土遗物

1. 扁腹陶罐 M38：3

2. 簋形陶瓿 M38：4

3.M39

彩版三六　M39 及 M38 出土遗物

1. 小口陶罐 M39：1

3. 扁腹陶罐 M39：3

4. 陶盂 M39：5

2. 小口旋纹陶罐 M39：4

5. 铜釜 M39：2

彩版三七　M39 出土遗物

1. M40

2. 小口陶罐 M40∶1

3. 壶形陶罐 M41∶5

彩版三八　M40 及 M40、M41 出土遗物

1.M41

2. 小口陶罐 M41：3

3. 小口旋纹陶罐 M41：1

彩版三九　M41 及出土遗物

1. M42

2. 小口陶罐 M42：8

3. 小口陶罐 M42：9

彩版四〇　M42 及出土遗物

1. 铜铃 M42：1

2. 铜铃 M42：2

3. 铜铃 M42：4

4. 铜铃 M42：5

5. 铜釦器 M42：6

6. 铜环 M42：3

彩版四一　M42 出土遗物

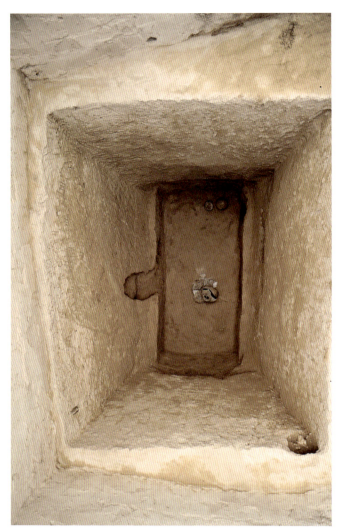

1.M43

2. 小口陶罐 M43：2

3. 无耳无錾陶鍪 M43：1

4. 无耳无錾陶鍪 M43：3

彩版四二　M43 及出土遗物

1.M46

2. 大口陶罐 M46：3

3. 玉印 M46：2

彩版四三　M46 及出土遗物

1. 铜铃 M46：4

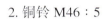

2. 铜铃 M46：5

3. 铜铃 M46：6

4. 铜铃 M46：7

5. 玉环 M46：1

1. 小口旋纹陶罐 M49：1

2. 大口陶罐 M49：2

3. 大口陶罐 M49：5

4. 陶坛 M49：4

彩版四五　M49 出土遗物

1. 大口陶罐 M50：8

2. 扁腹陶罐 M50：4

3. 铜带钩 M50：1

4. 铁剑 M50：2

1.M51

2. 陶鼎 M51：7

3. 陶锜 M51：8

彩版四七　M51 及出土遗物

1. 簋形陶甑 M51：6

2. 小口陶罐 M51：5

3. 扁腹陶罐 M51：10

4. 敞口小陶罐 M51：3

5. 陶熏炉 M51：11

6. 连弧纹铜镜 M51：1

彩版四八　M51 出土遗物

1. 铁剑 M51：2   2. 铁削 M51：4   3.M52

彩版四九　M52 及 M51 出土遗物

1. 大口陶罐 M52：3

2. 扁腹陶罐 M52：1

3. 带錾陶鍪 M52：2

4. 无耳无錾陶鍪 M53：2

彩版五〇　M52、M53 出土遗物

1.M53

2. 小口陶罐 M53：1

3. 大口陶罐 M53：3

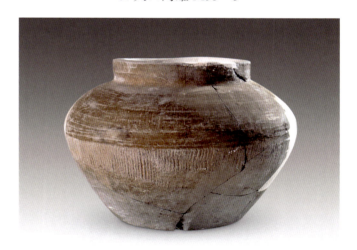

4. 大口陶罐 M53：5

彩版五一　M53 及出土遗物

1.M54

2. 壶形陶罐 M54：4

3. 大口陶罐 M54：5

彩版五二　M54 及出土遗物

1. 大口陶罐 M54：6

2. 铜鼎 M54：1

3. 铜盆 M54：3

4. 铜勺 M54：2

5. 无耳陶釜 M55：3

彩版五三　M54、M55 出土遗物

1.M55

2. 无耳陶釜 M55：1

3. 无耳陶釜 M55：2

彩版五四　M55 及出土遗物

1.M56

2. 陶鼎 M56：6

3. 小口陶罐 M56：10

彩版五五　M56 及出土遗物

1. 陶盒 M56：7

2. 陶锜 M56：5

3. 簋形陶甑 M56：4

4. 扁腹陶罐 M56：8

5. 扁腹陶罐 M56：9

6. 环首铁刀 M56：3

彩版五六　M56 出土遗物

1.M61

2. 双耳陶罐 M61：2

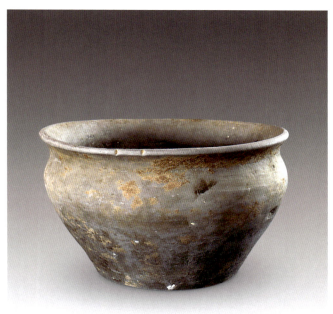

3. 陶盂 M61：1

彩版五七　M61 及出土遗物

1. 双耳陶罐 M64：2

2. 小口素面小陶罐 M64：3

3. 陶坛 M64：1

4. 骨饰件 M65：3

彩版五八　M64、M65 出土遗物

1. 玉环 M65：1

2. 玻璃串珠 M65：2

3. 玉串珠 M69：5

4. 玉串珠 M69：6

5. 玛瑙串珠 M69：7

6. 玛瑙串珠 M69：8

彩版五九　M65、M69 出土遗物

1. 铜带钩 M68：2

2. 铜饰件 M69：4

3. 铜环 M69：3

4. 玉管 M69：1

5. 骨锥 M69：2

彩版六〇　M68、M69 及出土遗物

1. 铜带钩 M73：1

2. 铜钿器 M73：2

3. 铜钿器 M73：4

5. 铜釜 M75：1

4. 铜钿器 M73：3

彩版六一　M73、M75 出土遗物

1. 陶豆 M79：2

2. 陶豆 M79：4

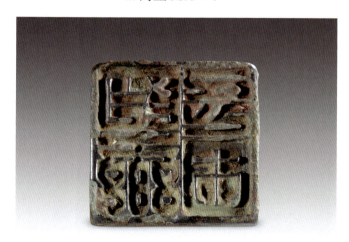

5. 铜印章 M79：1

3. 瓶形陶罐 M79：3

4. 瓶形陶罐 M79：5

彩版六二　M79 出土遗物

1. M84

2. 小口陶罐 M84：8

3. 扁腹陶罐 M84：9

彩版六三　M84 及出土遗物

1. 扁腹陶罐 M84：10

2. 铜盆 M84：1

3. 铜盆 M84：2

4. 铜盆 M84：5

5. 铜釜 M84：3

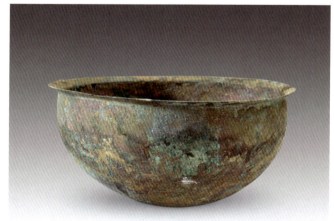

6. 铜釜 M84：7

彩版六四　M84 出土遗物

1. 铜勺 M84：6

3. 蟠螭纹铜镜 M84：11

2. 铜奁 M84：4

4. 铜印章 M84：13

5. 铜印章 M84：14

彩版六五　M84 出土遗物

1. 铜印章 M84：15

2. 铜带钩 M84：16

3. 铜铃 M84：17

4. 铜刷 M84：12

5. 铜饰件 M84：20

6. 铁镇 M84：19

彩版六六　M84 出土遗物

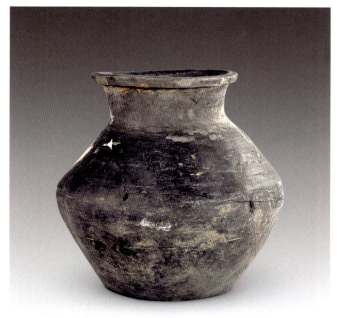

1. 壶形陶罐 M85：3

2. 大口陶罐 M85：4

3. 扁腹陶罐 M85：1

4. 无耳无錾陶鍪 M85：2

1. 陶罐 M87：1

2. 铜车辕 M87：2

3. 铜衡末 M87：3

4. 铜马衔 M87：5

5. 铜马镳 M87：6

6. 铜当卢 M87：7

彩版六八　M87 出土遗物

2.M88

1. 铜扣形饰 M87：4

3. 陶钫 M88：1

彩版六九　M88 及 M87、M88 出土遗物

1. 陶锜 M88：2

2. 小口陶罐 M88：4

3. 大口陶罐 M88：6

4. 扁腹陶罐 M88：5

5. 素面铜镜 M88：3

彩版七〇　M88 出土遗物

1.M89

2. 蒜头陶壶 M89：2

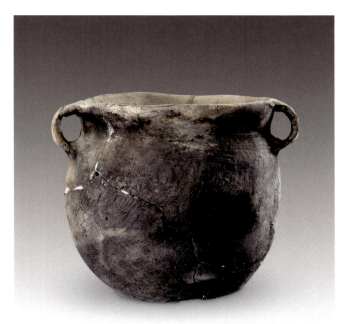

3. 双耳陶罐 M89：4

彩版七一　M89 及出土遗物

1. 深腹陶罐 M89：1

2. 铜带钩 M89：3

3. M90

彩版七二　M90 及 M89 出土遗物

1. 小口陶罐 M90：4

3. 铜环 M90：2

2. 连弧纹铜镜 M90：1

4. 铁剑 M90：3

彩版七三　M90 出土遗物

1. 小口旋纹陶罐 M92：3

2. 玉环 M92：1

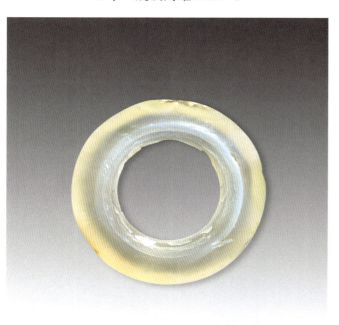

3. 玉环 M92：2

4. 铜戈 M96：1

彩版七四　M92、M96 出土遗物

1. M97

2. 大口陶罐 M97：4

4. 星云纹铜镜 M97：1

3. 扁腹陶罐 M97：3

彩版七五　M97 及出土遗物

1. 陶瓿 M102：2   2. 铜带钩 M102：1

3.M103

彩版七六　M103 及 M102 出土遗物

彩版七七　M103 玉覆面、玉璜及玉鞋出土情况

1. 陶鼎 M103：4

2. 陶鼎 M103：5

彩版七八　M103 出土遗物

1. 陶锜 M103：6

2. 盆形陶瓿 M103：21

3. 扁腹陶罐 M103：9

4. 铜鐎壶 M103：3

5. 蟠螭纹铜镜 M103：2

6. 铜釦器 M103：12

彩版七九　M103 出土遗物

1. 铜灯 M103：1

2. 铜盘 M103：10

3. 骨质棋子 M103：11

彩版八〇　M103 出土遗物

1. 玉覆面 M103：13 出土情况（修复前）

2. 玉覆面 M103：13（修复后）

彩版八一　M103 出土玉覆面 M103：13

1. 玉鞋 M103：17 出土情况（修复前）

2. 玉鞋 M103：17（修复后）

彩版八二　M103 出土玉鞋 M103：17

1. 玉璜 M103：15

2. 玉璜 M103：16

3. 玉玲 M103：14

彩版八三　M103 出土遗物

1.M104

2. 大陶盘 M104：4

彩版八四　M104 及出土遗物

1. 茧形陶壶 M104：6

2. 陶熏炉 M104：5

3. 陶熏炉 M104：9

4. 铁灯 M104：1

1. 铜鼎 M104：2

2. 铜鼎 M104：3

彩版八六　M104 出土遗物

1. M105

2. 陶鼎 M105：2

彩版八七　M105 及出土遗物

彩版八八　M105 出土陶钫 M105：8

1. 簋形陶瓿 M105：1

2. 大口陶罐 M105：3

3. 大口陶罐 M105：7

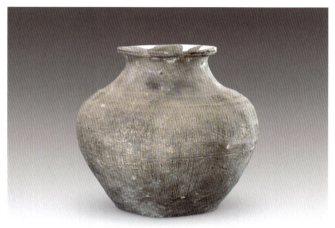

4. 小口旋纹陶罐 M106：2

5. 铜半两钱 M106：1

彩版八九　M105、M106 出土遗物

1. 小口陶罐 M108：1

2. 小口旋纹陶罐 M108：3

3. 大口陶罐 M108：2

4. 无耳无錾陶鍪 M108：4

彩版九〇　M108 出土遗物

1. 铜铃 M108：5

2. 小口陶罐 M113：3

3. 小口旋纹陶罐 M113：2

4. 无耳陶釜 M113：5

彩版九一　M108、M113 出土遗物

1. 无耳无錾陶鍪 M113：4

2. 铜环 M113：1

3. M116

彩版九二　M116 及 M113 出土遗物

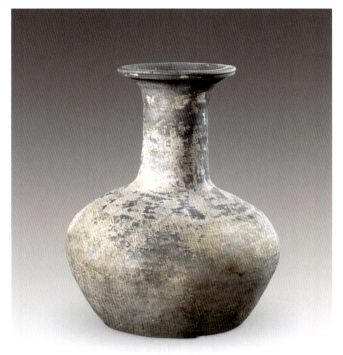

1. 平底陶壶 M116：2

2. 平底陶壶 M116：3

3. 平底陶壶 M116：8

4. 平底陶壶 M116：9

彩版九三　M116 出土遗物

1. 平底陶壶 M116：17

2. 平底陶壶 M116：21

3. 双系陶罐 M116：10

4. 铜钫 M116：14

1. 铜鼎 M116：18

2. 铜勺 M116：19

3. 铜印章 M116：1

彩版九五　M116 出土遗物

1. 昭明镜 M116：4

2. 铜环 M116：31

彩版九六　M116 出土遗物

1. 铜方策 M116∶32

2. 铜马衔 M116∶25

3. 铜马镳 M116∶26

彩版九七　M116 出土遗物

彩版九八　M116 出土铜盖弓帽 M116：6

1. 铜当卢 M116：27

2. 铜铺首 M116：7-1

3. 铜铺首 M116：7-2

1. 石砚 M116：13

2. 小口陶罐 M118：1

3. 扁腹陶罐 M118：2

4. 无耳无錾陶鍪 M118：3

彩版一○○　M116、M118 出土遗物

1. 大口陶罐 M119：4

2. 星云纹铜镜 M119：3

3. 五铢钱 M119：6

4. 铜印章 M119：1

1. 铜印章 M119：2

2. 铜泡钉 M119：5

3. 铜环 M119：7

4. 扁腹陶罐 M122：1

5. 扁腹陶罐 M122：2

彩版一○二　M119、M122 出土遗物

1. 陶钫 M123：9

2. 陶盒 M123：7

3. 小口陶罐 M123：6

4. 无耳无錾陶鍪 M123：1

彩版一○三　M123 出土遗物

1. 陶灶 M123：8

2. 半两钱 M123：2

3.M129

彩版一○四　M129 及 M123 出土遗物

1. 蒜头陶壶 M129：1

2. 壶形陶罐 M129：2

3. 小口陶罐 M129：4

4. 无耳陶釜 M129：3

彩版一〇五　M129 出土遗物

1. M130

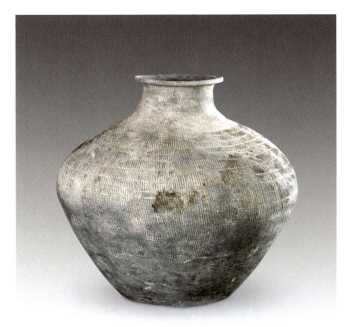

2. 小口陶罐 M130：5

3. 小口旋纹陶罐 M130：7

1. 铜鏊 M130：6

2. 铜印章 M130：1

3. 铜环 M130：2

4. 铜饰件 M130：3

彩版一〇七　M130 出土遗物

彩版一〇八 M133 出土铜柱状容器 M133：1

1.M135

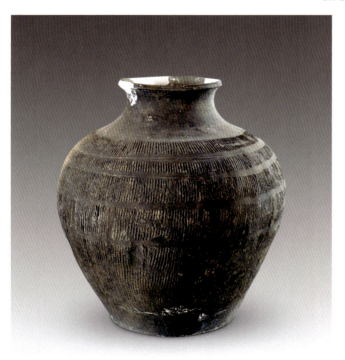

2. 小口旋纹陶罐 M135：1

3. 无耳陶釜 M135：2

彩版一〇九　M135 及出土遗物

1. 双耳陶罐 M136：3

2. 小口陶罐 M136：1

3. 小口旋纹陶罐 M136：2

4. 铁錾 M136：4

彩版一一〇　M136 出土遗物

1. 双耳陶罐 M139：1　　　　　　　　　　　　　2. 陶钵 M139：2

3. M143

彩版一一一　M143 及 M139 出土遗物

1. 陶钫 M143：10

2. 大口陶罐 M143：9

3. 铜棺饰 M143：7

彩版一一二　M143 出土遗物

1. 双耳陶罐 M145：2

2. 陶盂 M145：1

3. 玻璃串珠 M145：3

彩版一一三　M145 出土遗物

1. M147

2. 陶鼎 M147:7

彩版一一四　M147 及出土遗物

1. 陶锜 M147：4

2. 盆形陶甑 M147：1

3. 大口陶罐 M147：2

4. 陶熏炉 M147：8

1. 平底陶壶 M148：1

2. 深腹陶罐 M148：2

3. 深腹陶罐 M148：3

4. 陶钫 M149：5

彩版一一六　M148、M149 出土遗物

1. 平底陶壶 M149：7

2. 敞口小陶罐 M149：3

3. 陶灶 M149：8

4. 陶灯 M149：1

彩版一一七　M149 出土遗物

1. 陶灯 M149：2

2. 骨质棋子 M150：1

彩版一一八　M149、M150 出土遗物

1.M155

2. 平底陶壶 M155：8

3. 小口旋纹陶罐 M155：2

彩版一一九　M155 及出土遗物

1. 大口陶罐 M155：1

2. 大口陶罐 M155：3

3. 玻璃饰件 M155：5

4. 陶仓 M156：7

彩版一二〇　M155、M156 出土遗物

1. 陶灶 M156：1

2. 陶奁 M156：5

3.M157

彩版一二一　M157 及 M156 出土遗物

1. 陶豆 M159：1

2. 双耳陶罐 M159：4

3. 壶形陶罐 M159：2

彩版一二二　M159 出土遗物

1.M161

2.M162

彩版一二三　M161、M162

1. 陶鼎 M162：4

2. 陶豆 M162：3

3. 平底陶壶 M162：1

1.M165

2.M167

彩版一二五　M165、M167

1. 盂形陶甑 M167：1

2. 陶灶 M167：2

3. 陶灯 M167：5

4. 陶熏炉 M167：6

彩版一二六　M167 出土遗物

1. 小口陶罐 M168：2

2. 小口旋纹陶罐 M168：1

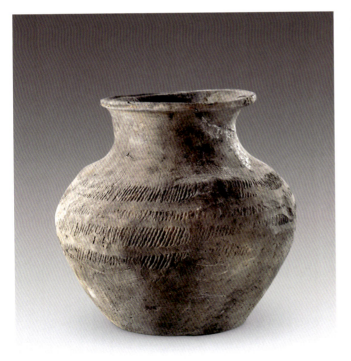

3. 小口旋纹陶罐 M168：3

4. 陶豆 M170：5

彩版一二七　M168、M170 出土遗物

1. 单耳陶罐 M170：4

2. 小口素面小陶罐 M170：1

3. 铜印章 M171：7

4. 铜当卢 M171：2

彩版一二八　M170、M171 出土遗物

1. 铜盖弓帽 M171：5

2. 铜泡钉 M171：1

彩版一二九　M171 出土遗物

1. 无耳陶釜 M174：1

3. 双耳陶罐 M175：3

2. M175

彩版一三〇　M175 及 M174、M175 出土遗物

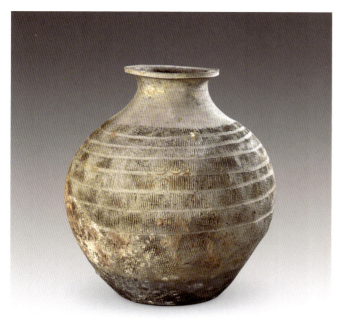

1. 小口旋纹陶罐 M175 : 1

2. 小口旋纹陶罐 M175 : 2

3. M176

彩版一三一　M176 及 M175 出土遗物

1. 双耳陶罐 M176：2

2. 小口陶罐 M176：3

3. 带盖小陶罐 M176：1

4. M177

彩版一三二　M177 及 M176 出土遗物

1. 双耳陶罐 M183∶3

2. 小口陶罐 M183∶2

3. 小口旋纹陶罐 M183∶1

4.M184

彩版一三三　M184 及 M183 出土遗物

1. 玉蝙蝠 M185：3

3. 扣形铜饰 M186：2

2. 铜棺饰 M186：3

4. 铜镦 M190：2

彩版一三四　M185、M186、M190 出土遗物

1. 五铢钱 M192：1

3. 骨饰件 M193：8

2. 铜盖弓帽 M193：1

彩版一三五　M192、M193 出土遗物

1. M194

2. 壶形陶罐 M194：6

3. 小口陶罐 M194：8

彩版一三六　M194 及出土遗物

1. 陶困 M194：9

2. 铜镦 M194：5

3. 玉剑珌 M194：1

4. 玉璧 M194：4

彩版一三七　M194 出土遗物

彩版一三八　M194 出土玉片 M194：2

1. 陶坛 M195：7

2. 铜弩机 M195：1

3. 铜盖弓帽 M195：4

彩版一三九　M195 出土遗物

1. 铜车辖 M195∶15

2. 铜马镳 M195∶17

3. 铜当卢 M195∶5

1. 铜盖弓帽 M196：4   2. 铜当卢 M196：9

1. 铜车軎 M196∶10

2. 铜衡末 M196∶14

3. 铜马镳 M196∶17

4. 铜饰件 M196∶19

彩版一四二　M196 出土遗物

1. 平底陶壶 M198：2

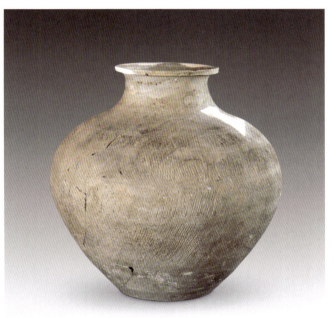

2. 双耳陶罐 M198：4

3. 小口旋纹陶罐 M198：3

4. 小口旋纹陶罐 M198：5

彩版一四三　M198 出土遗物

1. 铜带钩 M198：1

2. 小口陶罐 M202：5

3. 扁腹陶罐 M202：3

4. 扁腹陶罐 M202：4

5. 无耳无錾陶鍪 M202：2

彩版一四四　M198、M202 出土遗物

1. 铜印章 M202：1

2. 扁腹陶罐 M205：5

3. 带耳陶鍪 M205：2

4. 铜带钩 M205：6

彩版一四五　M202、M205 出土遗物

1.M208

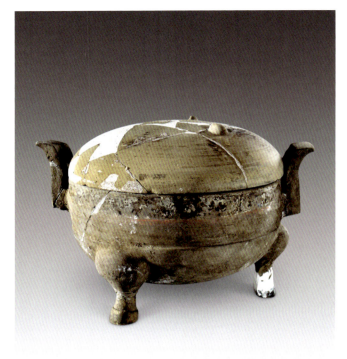

2. 陶鼎 M210：1

3. 壶形陶罐 M210：2

彩版一四六　M208 及 M210 出土遗物

1. 铜铺首 M213：2

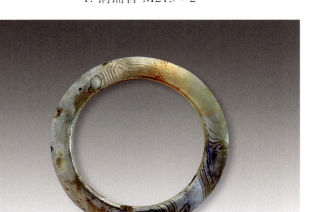

2. 铜带钩 M218：3

3. 玉环 M218：1

4. 玛瑙七窍塞 M218：2

5. 单耳陶罐 M222：1

彩版一四七　M213、M218、M222 出土遗物

1. 星云纹铜镜 M228：1

2. 五铢钱 M228：4

彩版一四八　M228 出土遗物

1. 大口陶罐 M229：3

2. 陶盂 M229：2

3. 陶印章 M229：1

4. 陶汲水罐 M231：2

5. 陶汲水罐 M231：3

6. 素面铜镜 M231：1

彩版一四九　M229、M231 出土遗物

1. 陶鼎 M233：2

2. 簋形陶甑 M233：4

3. 小口陶罐 M233：5

4. 玉印 M233：6

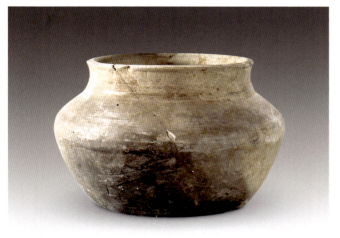

1. 扁腹陶罐 M255：4

2. 扁腹陶罐 M255：5

3. 铜钱 M255：2-1

4. 铜钱 M255：2-2 ～ 2-4

5. 铜带钩 M255：1

6. 铁剑 M255：6

1. 无耳陶釜 M257：1

2. M261

彩版一五二　M261 及 M257 出土遗物

1. 小口陶罐 M261：4

2. 深腹大口陶罐 M261：8

4. 茧形陶壶 M267：2

3. 铜矛 M261：7

彩版一五三　M261、M267 出土遗物

1. 铜提梁壶 M261：1

2. 草叶纹铜镜 M261：5

彩版一五四　M261 出土遗物

1. 双耳陶罐 M269：4

2. 小口旋纹陶罐 M269：1

3. 小口素面小陶罐 M269：2

4. 陶盆 M269：3

彩版一五五　M269 出土遗物

1. 小口陶罐 M271：5

2. 陶耳鍪 M271：4

3. 骨质棋子 M271：8

4. 壶形陶罐 M273：4

彩版一五六　M271、M273 出土遗物

1. M273

2. 小口旋纹陶罐 M273：5

3. 带耳陶釜 M273：6

彩版一五七　M273 及出土遗物

1. 素面铜镜 M273：1

2. 铜带钩 M273：2

3. 铜铃 M273：3

4. 铜环 M274：1

彩版一五八　M273、M274 出土遗物

1.M276

2. M280

彩版一五九　M276、M280

1. 陶錡 M282：4   2. 簋形陶瓿 M282：6

3. M283

彩版一六〇　M283 及 M282 出土遗物

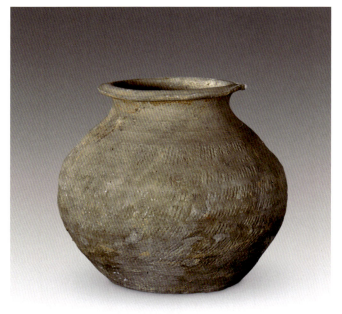

1. 小口旋纹陶罐 M283：5

2. 铜印章 M283：1

3. 铜带钩 M283：2

4. 铜铃 M283：3

1.M284

2. 壶形陶罐 M284：2

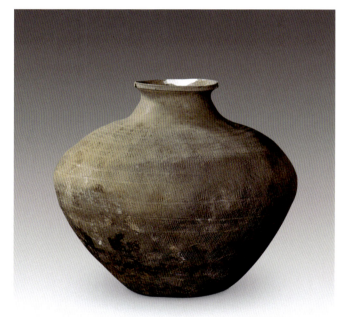

3. 小口陶罐 M284：1

彩版一六二　M284 及出土遗物

1. M285

2. M286

彩版一六三　M285、M286

1. 小口旋纹陶罐 M285：1

2. 铜釜 M290：2

3. 双耳陶罐 M296：10

4. 小口旋纹陶罐 M296：11

彩版一六四　M285、M290、M296 出土遗物

1. M287

2. M288

彩版一六五　M287、M288

1. M289

2. M290

彩版一六六　M289、M290

1. 铜印章 M296：1

2. 铜带钩 M296：2

3. 铜铃 M296：3

4. 铜环 M296：12

5. 串珠 M296：9

彩版一六七　M296 出土遗物

1.M299

2. M301

彩版一六八　M299、M301

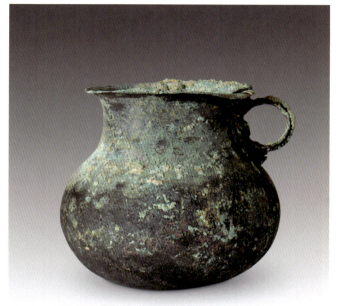

1. 铜鍪 M300：1

2. 小口陶罐 M301：9

3. 小口旋纹陶罐 M301：6

4. 大口陶罐 M301：7

彩版一六九　M300、M301 出土遗物

1. 陶熏炉 M301：10

2. 连弧纹铜镜 M301：1

3. 半两钱 M301：2-1 ~ 2-8

4. 铁削 M301：4

彩版一七〇　M301 出土遗物

1. 壶形陶罐 M312：1

2. 双耳陶罐 M327：1

3. 铜带钩 M327：2

4. 陶豆 M328：4

5. 鬲式陶罐 M328：3

彩版一七一　M312、M327、M328 出土遗物

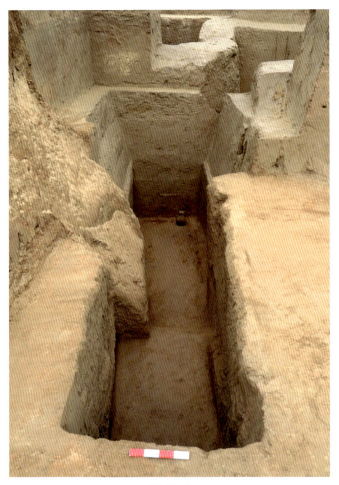

1. M330

2. 无耳陶釜 M330：8

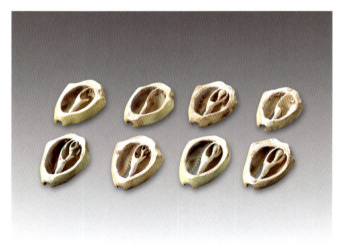

3. 贝 M330：6

4. 陶钫 M330：1

1. 铜牌饰 M330：3

2. 壶形陶罐 M331：2

3. 半两钱 M331：4

彩版一七三　M330、M331 出土遗物

1. 陶鼎 M332：7

2. 铜灯 M332：5

3. 铜镦 M332：3

4. 木篦 M332：1

1. 铜镞 M333：1

2. 玉剑璏 M342：2

3. M343

彩版一七五　M343 及 M333、M342 出土遗物

1. 陶盂 M344：1

2. 圈足陶壶 M345：3

3. 陶锜 M345：7

4. 半两钱 M345：5-1 ～ 5-4

5. 铜饰件 M345：4

6. 玻璃串珠 M345：2

彩版一七六　M344、M345 出土遗物

1. 草叶纹铜镜 M356：1

2. 小口素面小陶罐 M357：3

3. 陶盂 M357：2

彩版一七七　M356、M357 出土遗物

1. 铜削 M359：4

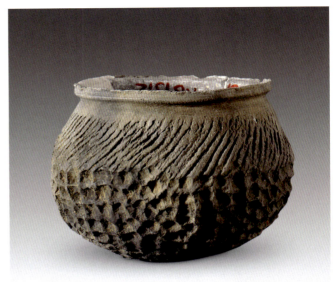

2. 无耳陶釜 M373：2

3. 铜剑柄 M373：1

1. M378

2. M389

彩版一七九　M378、M389

1. 陶鼎 M389：14

3. 陶锜 M389：16

2. 假圈足陶壶 M389：13

4. 陶熏炉 M389：11

1. 素面铜镜 M389：6

3. 骨质棋子 M389：17

2. 半两钱 M389：7

1. 铁刀 M391：2

2. 五铢钱 M394：5

彩版一八二　M391、394 出土遗物

1. M399

2. 草叶纹铜镜 M399：1

彩版一八三　M399 及出土遗物

1.M402

2. 铜铃 M402：2

彩版一八四　M402 及出土遗物

1.M403

2. 陶鼎 M408：4

3. 陶鼎 M409：1

彩版一八五　M403 及 M408、M409 出土遗物

1.M414

2. 铜弩机 M414∶1

3. 陶钫 M416∶1

彩版一八六　M414 及 M414、M416 出土遗物

1. M416

2. 陶锜、簋形甗组合 M416：6、5

3. 蟠螭纹铜镜 M416：7

彩版一八七　M416 及出土遗物

1. 铜带钩 M418：1

2. 玉环 M419：1

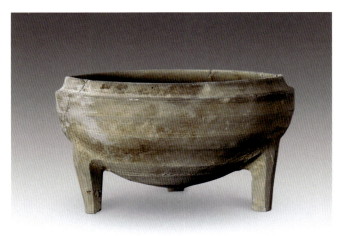

3. 陶鼎 M420：1

4. 陶鼎 M420：6

5. 假圈足陶壶 M420：2

彩版一八八　M418、M419、M420 出土遗物

2. 铁剑 M423：1

1. 大陶盆 M420：5

3. 陶鼎 M424：1

4. 陶豆 M426：6

彩版一八九　M420、M423、M424、M426 出土遗物

1. 双耳陶罐 M426:2

2. 双耳陶罐 M426:3

3. 玉环 M427:1

4. 玉璧 M429:3

5. 骨质棋子 M429:2

彩版一九○　M426、M427、M429 出土遗物

1. 陶豆 M430：3

2. 陶豆 M430：8

3. 平底陶壶 M430：4

4. 铜鼎 M430：1

5. 砺石 M430：7

彩版一九一　M430 出土遗物

1. 陶鼎 M432：6

2. 陶鼎 M432：7

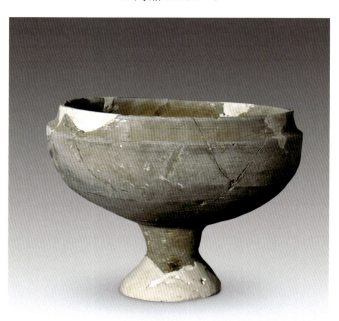

3. 陶豆 M432：4

4. 陶盉 M432：1

1. 大口陶罐 M439：1

3. 陶鼎 M440：6

2. M440

彩版一九三　M440 及 M439、M440 出土遗物

1. 陶鼎 M443：4

2. 陶鼎 M447：3

3. 陶豆 M447：2

4. 陶鸽 M449：2

5. 陶鸽 M449：3

6. 陶鸽 M455：1

彩版一九四　M443、M447、M449、M455 出土遗物

1. 陶鼎 M456：4

2. M457

彩版一九五　M457 及 M456 出土遗物

1. 陶鬲 M458：3

2. 汲水陶罐 M458：2

3. 铁鍪 M460：1

4. 铜带钩 M461：1

5. 铜带钩 M463：4

彩版一九六　M458、M460、M461、M463 出土遗物

1. 陶鼎 M468：3

2. 陶钫 M468：7

3. 带盖小陶罐 M468：4

4. 陶灶 M468：5

彩版一九七　M468 出土遗物

1. 陶灯 M468：9

2. 陶熏炉 M468：8

3. 陶砚 M468：10

4. 陶鼎 M469：10

彩版一九八　M468、M469 出土遗物

1. 铜带钩 M470：1

2. 玻璃串珠 M470：2

3. 陶鼎 M480：5

4. 陶锜 M480：2

1. M484

2. 带銴陶釜 M484：3

彩版二〇〇　M484 及出土遗物

1.M497

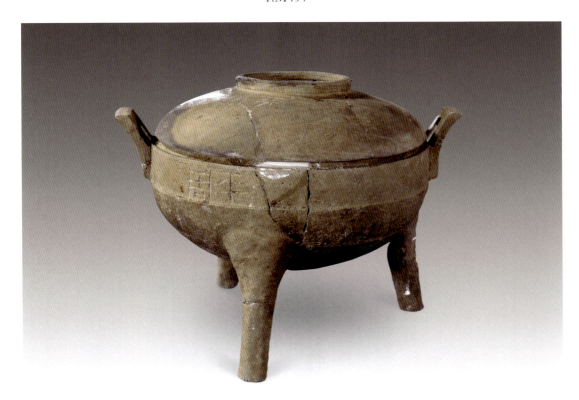

2. 陶鼎 M497：1

彩版二〇一　M497 及出土遗物

1. 陶钫 M501：2

2. 陶甗 M501：7

3. 陶熏炉 M501：5

4. 铜鍪 M501：6

彩版二〇二　M501 出土遗物

1. 蟠螭纹铜镜 M501：1

2. 陶鼎 M507：3

3. 陶钫 M507：1

彩版二○三　M501、M507 出土遗物

1. 陶鬲 M507：6

2. 玉环 M507：8

3. 带耳陶鍪 M511：1

4. 玻璃串珠 M523：1

彩版二〇四　M507、M511、M523 出土遗物

彩版二〇五　M528

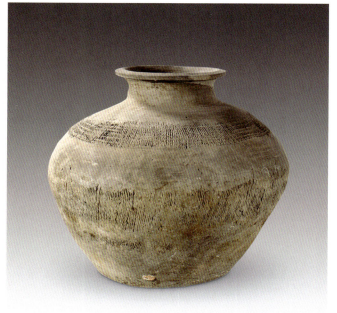

1. 小口陶罐 M528：5

2. 小口陶罐 M535：1

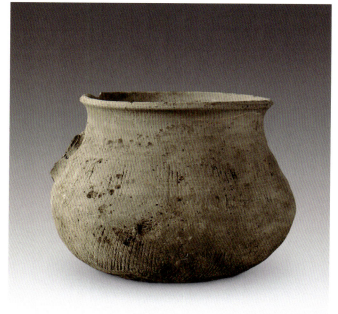

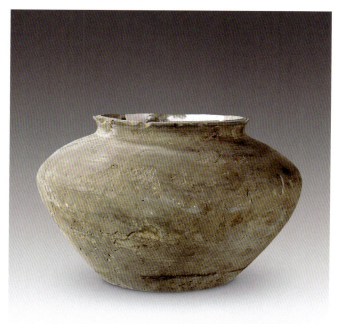

3. 带耳陶鍪 M535：4

4. 扁腹陶罐 M536：1

彩版二〇六　M528、M535、M536 出土遗物